LETTRE

AUX DÉPUTÉS, AUX ÉLECTEURS

ET AUX FRANÇAIS

EN GÉNÉRAL,

SUR LA FOLIE, L'ABSURDITÉ, LA CONTRADICTION
ET L'INCONSTITUTIONNALITÉ

DE LA DÉMARCHE POLITIQUE DU GOUVERNEMENT
QUI, CONTRE L'ESPRIT ET LE VŒU FORMEL DE LA CHARTE,
SOUMET AUX PAIRS
LA RÉSOLUTION DU GRAND PROBLÊME
TOUCHANT LA QUESTION DE LA MODIFICATION
DE CE CORPS;

PAR UN AMI DE LA LIBERTÉ.

Nemo judex in suâ causâ.

Personne ne doit être juge dans sa propre cause.

(Langage de la raison et du droit commun !)

PARIS.

GARNIER, LIBRAIRE,

PALAIS-ROYAL,
VIS-A-VIS LA COUR DES FONTAINES, N° 3.

1832.

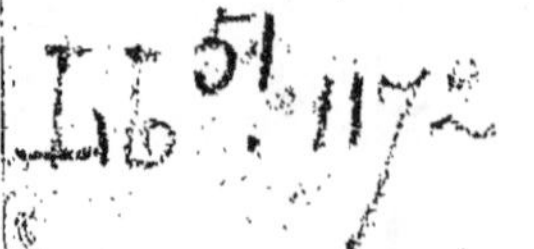

IMPRIMERIE DE LACHEVARDIERE,
RUE DU COLOMBIER, Nº 30.

LETTRE

AUX DÉPUTÉS, AUX ÉLECTEURS

ET

AUX FRANÇAIS EN GÉNÉRAL.

Parmi les phénomènes politiques, les fausses démarches, les bévues législatives de nos jours, il n'en est pas de plus absurde, de plus contradictoire et de plus inconstitutionnel, que la détermination prise par le gouvernement de soumettre à la décision de MM. les Pairs la résolution du grand problème touchant leur existence, ou la modification de leur institution comme corps. Et en effet, qu'y a-t-il de plus absurde qu'un pareil procédé ? Qu'y a-t-il de plus contradictoire qu'une semblable démarche ? Qu'y a-t-il de plus dangereux pour les véritables intérêts de la nation que de livrer ainsi follement le sort d'une question de la plus haute importance à des hommes qui ne la représentent en rien ?

Le ministère, enhardi par les résultats et les avantages précieux obtenus dans cette campagne parlementaire, fier de sa position heureuse et favorable comparativement à celle du pouvoir législatif, enflé, en un mot, des succès inespérés et brillans qu'il vient de remporter sur les représentans de la nation (réflexion pénible, idée douloureuse pour tous les amis sincères de la liberté !), s'avance rapidement et à pas de géant de victoire en victoire, s'efforce de prendre tous les postes de ses adversaires (les membres de l'opposition), ennemis, selon lui, de la *chose publique*, et, comme un général rusé, sait profiter habilement de toutes les fausses démarches et inconséquences coupables de l'armée timide qu'il vient de vaincre et mettre en déroute.

Nous avons eu naguère un exemple à la fois frappant et affligeant de cette triste vérité dans la question sur l'hérédité de la pairie. Après avoir enlevé à la nation son droit incontestable de nommer les pairs; après avoir emporté du premier assaut cette redoute utile, ce fort important, conséquent avec lui-même dans ses principes d'empiètement, il se prépare maintenant, par un nouveau trait de hardiesse, à former le siége de la dernière forteresse qui lui résiste encore, espérant qu'il la prendra avec la même facilité, ou qu'elle se rendra avec le même empressement que le fort qu'il vient de réduire et soumettre à son autorité. Après avoir fait passer dans la Chambre élective tout ce qu'il a voulu touchant la pairie, sauf son hérédité (chose tout-à-fait absurde et injuste), il se propose, dans ce moment, de faire de nouvelles conquêtes; il va soumettre à la Chambre des pairs la décision définitive de la grande question sur l'hérédité de ce corps, se flattant peut-être que sur le rejet de ce projet par cette Chambre, il aura bientôt le prétexte de revenir, comme il l'a bien dit dans ce même projet, sur cette question chérie; car s'il n'avait pas quelque arrière-pensée, il serait difficile d'expliquer l'utilité, la nécessité ou même la convenance de sa conduite, en soumettant la décision de cette question à des juges qui sont tout-à-fait incompétens, et impropres à juger en pareil cas, à prendre connaissance d'une telle affaire, et encore moins à prononcer sur elle en définitive, attendu qu'ils sont à la fois juges et parties, ce qui est contre toutes les règles et toutes les formalités reconnues et requises en tout tribunal qui veut juger avec impartialité et équité !

Il est un principe certain, une maxime universellement reconnue et admise par toutes les nations, tant barbares que civilisées, en matière de politique, de droit : *nemo judex in suâ causâ*, personne ne doit être juge dans sa propre cause, parce que entraîné par ses passions, aveuglé par ses intérêts et le désir de se servir, *proximus egomet mihi*, la charité bien ordonnée commence par soi-même, il ne serait pas dans le cas d'examiner mûrement et de peser avec impartialité les divers motifs qui militent en faveur de chaque partie de la question, et par conséquent de rendre justice aux autres, en ce qu'il serait tout-à-fait préoccupé de ses vues particulières et de ses intérêts personnels. Non, jamais dans aucun procès,e parti intéressé ne peut juger dans sa propre cause; ce serait une chose à la fois absurde et injuste au plus haut degré.

D'ailleurs, une telle démarche est à la fois injuste, contradictoire, imprudente, immorale, inconséquente, inconstitutionnelle : injuste, en ce qu'elle attribue aux pairs un droit que la charte né leur donne pas, leur refuse même; injuste, en ce qu'elle appelle un homme à exercer un acte de justice sur un sujet pour lequel il est incompétent, à porter un jugement sain sur une cause qui est au-dessus de ses attributions politiques , vu qu'elle relève d'un autre pouvoir ou tribunal supérieur , et par conséquent hors de sa juridiction ; contradictoire, en ce qu'en admettant le principe impérissable de la souveraineté de la nation , elle détruit ce même principe, en partageant avec les pairs un droit égal de concourir à la confection d'une loi fondamentale même de l'État, droit que la Charte et la nature de choses semblent avoir exclusivement donné à la Chambre élective ; imprudente , en ce qu'elle expose le pays à de nouveaux troubles , en cas que les pairs de France , comme ceux de l'Angleterre dans ce moment , s'obstinent à repousser le projet de loi sur l'hérédité de la pairie ; imprudente , en ce qu'elle tend à réveiller d'anciennes haines , à irriter la nation , et principalement dans un moment où les esprits sont si exaspérés contre ce corps , et qu'elle peut produire des effets désastreux dans la crise actuelle ; immorale , en ce qu'elle tend à favoriser un système d'injustice et de corruption , qui combat et ébranle par les fondemens les principes les plus sains et les plus incontestables de la morale universelle ; immorale , en ce qu'elle expose les pairs à agir contre leur propre conscience , afin de satisfaire à leurs intérêts particuliers ; immorale, en ce qu'elle tente l'homme faible par lui-même à commettre un acte d'injustice qui , en le déshonorant , le dégrade aux yeux de la religion ; inconséquente , en ce que tout en admettant la souveraineté de la nation , elle la met en doute, en lui refusant le droit exclusif de juger en dernier lieu la question touchant l'hérédité de la pairie , et en en déférant la décision ou solution définitive au jugement de ce corps ; inconstitutionnelle, en ce qu'elle combat immédiatement les principes constitutionnels, et tend directement par sa nature à ébranler les fondemens de la constitution même du pays : démarche à la fois humiliante, insultante et avilissante pour les pairs eux-mêmes ; humiliante, en ce qu'elle les force d'avouer leur infériorité et de reconnaître la supériorité d'une puissance que jusqu'ici ils ont méconnue ou regardée comme une chimère, ou traitée comme inférieure ; insultante, en ce qu'elle les oblige de vive force à se soumettre, et les place dans la plus dure nécessité, l'alternative cruelle de signer l'arrêt terrible de leur propre condamnation, de leur mort, ce à quoi la nature répugne ; avilissante en ce qu'elle les condamne à mettre le sceau à l'acte pénible de leur dégradation, ou à subir de plus grandes humiliations encore, le châtiment d'une *destruction totale !*

Il est donc évident que cette démarche politique par laquelle on soumet l'importante question de la pairie et la résolution du grand problème qui en dépend, à MM. les Pairs, est à la fois injuste, imprudente, contradictoire, immorale, inconstitutionnelle, et devrait par conséquent être rejetée, comme folle, absurde et éminemment dangereuse dans tous ses résultats.

L'hérédité une fois repoussée par la grande majorité de la Chambre des députés, nous laissait deux questions principales à résoudre : le Sénat serait-il à vie ou temporaire ? De ces questions en naissaient d'autres, qui étaient organiques : le nombre des sénateurs serait-il limité ou illimité ? à qui le choix appartiendrait-il ? Si c'était au roi , nommerait-il sur une liste d'aptitudes et de catégories, ou choisirait-il parmi les candidats présentés par les colléges électoraux ? C'est ici que se sont divisés les antagonistes de l'hérédité , et que se sont glissés les partisans du système de servilité qu'attaquaient, avec tous les avantages de la morale et de la politique , ceux qui voulaient, avant tout, l'indépendance et la considération de la pairie.

Il y avait beaucoup d'autres systèmes , tels que l'élection ou la présentation par la Chambre des députés , ou par la Chambre des pairs , tels que la faculté de se recruter et de se perpétuer elle-même, comme l'Académie , accordée au Sénat ; ou bien encore un électorat spécial , ou le partage électif entre le roi et les colléges , ou la candidature concédée aux divers corps de l'État, etc,, etc. Une foule de projets se présentaient alors. Les amendemens que nous avons eus sous les yeux n'étaient pas moins fertiles en conceptions diverses.

Nous n'avons garde d'entreprendre un examen de détail qui nous mènerait trop loin, et nous détournerait des principes essentiels ; d'ailleurs , c'est inutile : il est maintenant trop tard, la question est déjà décidée ; la difficulté est tranchée. Au grand jour de l'expérience , nous verrons disparaître tout ce qui n'est que jeu d'esprit , tout ce qui n'est pas facilement et utilement applicable ; nous verrons enfin qui de nous a eu raison.

On aurait dû finir par se rencontrer sur le terrain plus étroit des idées pratiques , des concessions mutuelles , des systèmes compatibles et en harmonie avec l'ordre actuel ; qui est celui de la monarchie limitée, entourée d'institutions électives et républicaines. Si nos vœux eussent été exaucés, on aurait au moins constitué une pairie dont la candidature électorale et l'investiture monarchique, dont l'âge, l'illustration individuelle, le patriotisme, les lumières et les vertus auraient garanti l'indépendance, le pouvoir modérateur, l'utilité et l'influence nationale.

Examinons un moment quel sera probablement le sort de la pairie devant la Chambre des pairs. Je m'attends à une résistance, mais je crois qu'il sera facile d'en triompher sans invoquer le pouvoir constituant, qu'on ne peut pas reconnaître dans la Chambre élective et dans la royauté, sans recourir à une promotion : mesure que je regarde sinon comme inconstitutionnelle, du moins comme impolitique, inopportune et superflue.

Cette promotion, en quelque sorte provisoire, resserre pour l'avenir l'exercice de la prérogative, laisse au gouvernement moins de moyens de satisfaire aux exigences qui ne tarderont pas à se manifester, et à des ambitions qu'il importe plus d'entretenir que de décourager.

Doutez-vous que toutes ces ambitions, plus ou moins inquiètes et alarmées, ne se coalisent de fait sans même avoir besoin de se donner le mot, le rendez-vous, et que chacun ne répète avec affectation que ces pairs ont été nommés, en apparence, pour faire passer la loi nouvelle, mais réellement en vue de l'éluder au profit des personnages que les catégories de cette loi ne comportent pas, que l'élection a dédaignés, et pour faire encore une dernière fois quelques *variétés* de pairs, aux titres surannés de *ducs*, de *vicomtes* et de *marquis*, de *seigneuries* enfin ? Je n'épuise pas les considérations ; mais plus je m'interroge, et moins je puis croire qu'on veuille agir avec la pairie comme on fait à l'égard d'un ennemi qu'on veut détruire tout d'un coup.

Je prévois une objection. On a parlé de la retraite de la plupart des pairs, des démissions concertées, et qui feraient en quelque sorte disparaître la pairie. Je n'en crois rien ; et à certains propos qu'on répand à ce sujet, que rien au monde ne retiendrait tels et tels personnages..., et qu'ils donneraient certainement leur démission... Qu'ils s'en aillent donc...; on trouvera bientôt des citoyens, des sages plus dignes de ce titre, pour les remplacer. La France ne manque pas d'hommes éclairés, patriotiques et vertueux qui ont bien mérité de l'état, qui, profondément pénétrés des avantages précieux des institutions et du nouvel ordre des choses qu'on vient d'établir, rempliront mieux et avec plus de fidélité qu'eux, les fonctions de pairs, en marchant droit sur la ligne constitutionnelle tracée par la Charte ; des hommes dont les opinions sont plus en harmonie avec celles des représentans de la nation, qui rejettent toute espèce de priviléges, condamnent l'esclavage, et qui veulent à tout prix la liberté, l'indépendance et la gloire du pays !...

Au surplus, peu importerait la retraite de quelques obstinés qui, au lieu d'entrer franchement dans le nouveau régime, préféreraient se retirer et aller faire de la pairie légitime à domicile comme Charles X fait de la royauté à Holy-Rood.

Je pense d'ailleurs que les pairs regarderont deux

fois autour d'eux ; et considéreront attentivement les conséquences sérieuses d'une retraite en masse. Se retirer, ce serait renoncer à toute existence politique, à tous traitemens, à toute pension, et cela me paraît *impossible.* Une retraite en masse pourrait amener des désordres publics, et les pairs s'en abstiendront, d'abord par amour du pays, ensuite par amour d'eux-mêmes. Par les mêmes motifs, ils ne rejetteront pas la loi. Quelles seraient les conséquences d'un refus ?

Que la pairie y songe sérieusement ; il en résulterait une grande irritation contre elle, irritation dont les suites, je me plais à l'espérer, ne ressembleraient pas aux scènes affligeantes de Bristol ; tant de férocité n'entre pas dans le caractère français ; mais une indignation réelle, celle de tous les gens de bien, qui verraient avec douleur et désespoir que l'abîme serait rouvert par un corps dont la principale destination est de le fermer, et dont l'objet unique doit être de marcher avec la nation et sanctionner sa volonté ; et, qu'après tant d'efforts pour sauver la pairie, c'est d'elle cependant que viendrait une nouvelle source d'embarras et de difficultés. Qu'elle se rappelle, en effet, par quelles discussions il a fallu passer pour arriver jusqu'ici ; pour éviter *le pouvoir constituant, l'élection directe* des pairs, leur *candidature élective,* qui eût été plus funeste encore à leur institution. Eh quoi ! à la veille d'en finir, tout serait remis en question ! Non, je ne puis le croire, il n'y a que de mauvais citoyens qui pourraient le désirer !

Espérons mieux du bon sens et du patriotisme de

MM. les Pairs, de l'égoïsme, de l'amour-propre, de l'esprit même de corps et de privilége de quelques uns d'entre eux, car l'égoïsme a surtout l'intelligence de son intérêt ; et fions-nous à l'influence qu'exercera naturellement sur la pairie une opinion publique hautement déclarée, que la presse exalte, et qui se manifeste surtout par l'heureux accord des députés de la France avec le gouvernement.

Cependant, quelque confiance qu'on puisse avoir dans ce *patriotisme* fortifié *d'égoïsme*, encore faut-il pourvoir au cas d'un refus. Ce cas échéant, il faudrait nécessairement revenir à la fournée : mais alors se représenteraient les mêmes objections avec la même force, tant il est difficile d'échapper au pouvoir constituant; ce qui porterait un coup mortel à la pairie ! Au reste, c'est ce grand tribunal national qui doit toujours juger en dernier ressort et sans appel dans tous les cas extraordinaires, lorsqu'il s'agit de décider les hautes questions politiques qui se rattachent aux lois fondamentales de l'état, parce que lui seul est alors compétent, en ce qu'il forme le premier degré de la grande échelle de la hiérarchie des pouvoirs, et qu'il possède, dans un degré éminent et dans leur entière plénitude, toutes les attributions et toutes les juridictions de la haute magistrature, attendu qu'il est une espèce de sacerdoce politique, l'autorité suprême, la source primitive et unique dont elles découlent toutes et s'alimentent sans cesse !

Et certes, une fois que la souveraineté de la nation, et par conséquent celle de la Chambre des députés est démontrée et universellement reconnue, elle doit juger en dernier ressort, et nulle autre puissance ne peut ni ne doit faire un appel de ses décisions. Cela posé, il s'ensuit évidemment qu'il est tout-à-fait inconstitutionnel de porter l'affaire de l'hérédité de la pairie avec ses accessoires, devant la Chambre des pairs, s'il est vrai que la Chambre élective l'ait déjà décidée, se soit prononcée là-dessus. Or, la Chambre des députés, en sa qualité de souveraine, a décidé, d'une manière régulière, légale, constitutionnelle, solennelle et positive, cette question, après avoir observé toutes les formalités requises en pareil cas, procédé au jugement et prononcé affirmativement sur une question qui tombe directement sous ses attributions, et qui ne pouvait, d'après sa nature même, être jugée par aucune autre autorité quelconque ; ce qui est évidemment tracé et indiqué d'une manière claire et précise dans la Charte elle-même, règle invariable de conduite et source de justice. Or, la Charte dit qu'il faut toucher à la matière de la pairie, la refondre et la modifier dans la session suivante, voulant dire celle où nous sommes. En effet, si la question de la pairie n'est pas décidée dans cette session, la Charte serait violée dans un de ses articles principaux, ce qui ne pourrait être sans un inconvénient extrêmement grave, un danger imminent pour l'État. Or, cela arriverait infailliblement, si les pairs, par entêtement, par orgueil ou un esprit de corps, s'obstinaient dans leur opinion à ne vouloir consentir à ce que. cette question passât à leur Chambre ; démarche qui causerait une grande fermentation dans les esprits, et serait nécessairement cause que la Chambre des députés s'érigerait en assemblée constituante, afin de tran-

cher ainsi d'une manière nette et péremptoire le
nœud de cette difficulté, qui ne pourrait jamais se
décider autrement; effet fâcheux, qui arriverait
inévitablement si les choses en venaient à ce point
que les pairs osassent rejeter le projet de loi en question, touchant l'hérédité de leur ordre. Alors cette
Chambre si fière, si entêtée et si intraitable, ap-
prendrait par une triste et terrible expérience combien il est dangereux de s'opposer à la volonté géné-
rale, à la volonté du véritable souverain du pays.

Pour faire ressortir encore davantage la folie,
l'extravagance d'une telle démarche, il suffit de
remarquer que toute souveraineté réside essentielle-
ment dans le peuple ou, ce qui est la même chose,
dans la nation. Or, la Chambre des députés est appelée à représenter cette nation, à en faire valoir et
défendre les droits et les priviléges contre toute
espèce d'usurpation qui pourrait être intentée ou
exercée contre eux. Il est donc clair comme le
jour que la Chambre des députés est la seule véritable représentante de la nation, la seule souveraine, *par intérim*, pendant les cinq années de leur
mandat, et par conséquent la seule qui a le droit de
commander en maître absolu. Il est donc évident
qu'aucune puissance inférieure ne peut ni ne doit
s'opposer à ses décisions, à ses décrets, à ses arrêts,
ni la contrarier tant soit peu dans ses opérations législatives. Or, telle est précisément la question à
l'égard de la pairie. La Chambre des députés est le
seul véritable souverain du pays, l'autorité suprême;
tandis que la Chambre des pairs est un corps fac-
tice, une autorité inférieure qui, sans déléga-

tion (1) aucune, n'a nul droit de représenter la nation, qui ne tient à rien, qui n'a aucune racine dans le pays, qui n'a reçu aucune mission, et par conséquent est impropre, incompétente même à juger aucune cause, après que la Chambre des représentans a prononcé, encore moins dans sa propre cause, sur laquelle elle peut facilement se tromper et s'aveugler, à raison de la maudite af-

(1) Est-ce pour la France, est-ce pour la royauté, est-ce pour servir de jouet et de moyen de corruption à la monarchie ministérielle qu'on veut une seconde Chambre? Le vote pour l'élection royale, et la conduite des pairs au temps de Charles X, ont répondu à cette dernière question ; et nous pouvons nous écrier : Où sont-ils ces hommes d'État qui acceptent avec joie, qui instituent eux-mêmes des obstacles à leur ambition, qui invoquent le contrôle de la délibération sur leur conduite, qui veulent que le gouvernement devienne l'affaire commune, et que la nation en soit pour ainsi dire rendue solidaire? Non, tous les raisonnemens du monde ne peuvent pas faire que des pairs viagers et nommés par le roi, soient autre chose que des créatures du roi ou du ministère. On peut ajouter avec non moins de raison : Une telle Chambre ne serait qu'un conseil d'Etat sans indépendance, et par conséquent sans force, même pour défendre le pouvoir dont elle émanerait , comme il paraît par la chute précipitée de Charles X , pour prévenir laquelle elle ne pouvait rien faire! Il est certain donc qu'une pairie dont la candidature, la nomination et l'investure seraient confiées au roi, ne saurait être que nuisible par la suite.

J'ai déjà prouvé, dans ma lettre à MM. les députés sur la grande question de l'hérédité et ses accessoires, qu'une pairie élective, temporaire, choisie immédiatement par la nation elle-même ou dans ses assemblées générales, ou dans ses colléges électoraux, ou par la Chambre des députés, ou de toute autre manière légitime , était la seule qui convenait à un pays libre, où le grand et impérissable principe de la souve-

faire de l'intérêt qui s'y trouve : elle doit donc se taire et baisser pavillon en présence de cette Chambre auguste qui est sa maîtresse, et se soumettre à ses décisions, qui doivent lui servir de règle. Enfin, il y a une espèce de folie, d'inconvenance, de non-à-propos dans cette question qui choque et rebute, et qui fait concevoir assez clairement toute son absurdité. Espérons que ces contradictions et ces in-

raineté du peuple fût reconnu et universellement admis et établi comme un axiôme irréfragable, une maxime incontestable de droit et de politique, et que, par conséquent, toute autre pairie, qui prenait sa source ailleurs, ou qui avait quelque autre origine, était à la fois inconstitutionnelle, antinationale et dangereuse dans les résultats de sa mission, attendu qu'elle attaquait directement la souveraineté de la nation, en ce qu'elle contrariait et contrebalançait la Chambre élective dans ses opérations parlementaires, en soutenant les prétentions et les empiètemens injustes du pouvoir exécutif sur l'autorité du pouvoir législatif, son maître ! Et, en effet, de quel droit les membres de la Chambre des pairs, qui ne sont qu'une espèce de hauts fonctionnaires, prétendraient-ils devoir rester plus long-temps en place et jouir d'une plus longue existence politique que les membres de la Chambre des députés, qui sont les véritables souverains du pays ? Certes, il serait bien difficile de pouvoir en assigner aucun. Est-ce que les serviteurs devraient être plus privilégiés et plus honorés que les maîtres ? Et il me paraît bien étonnant qu'au temps et au degré de civilisation où nous sommes arrivés, il puisse se trouver des hommes tant soit peu versés dans les matières politiques, qui osent révoquer en doute ou mettre en problème une vérité si claire et si évidente (au moins pour tous ceux qui ne sont point aveuglés par leurs passions et leurs intérêts), et dont la clarté et les rayons ne sont point obscurcis et réfractés en passant à travers le prisme trompeur de leurs préjugés, ou le milieu dense de l'atmosphère de leurs préventions !

convenances, si révoltantes de leur nature, dessil-
leront enfin les yeux des gens le plus à préjugés, le
plus prévenus, et les porteront à examiner à fond
une question si importante, qui tient de si près de
nous, et qui se rattache si fortement, si étroitement
aux bases mêmes de notre nouvelle constitution
tout-à-fait populaire, qui désormais doit fixer, d'une
manière irrévocable, toutes les opinions politiques,
et assurer à jamais les destinées de la France.

D'ailleurs, en agissant de la sorte, c'est-à-dire en
voulant consulter ainsi la Chambre des pairs sur la
question de l'hérédité et les autres accessoires qui
s'y rattachent, la Chambre élective renonce incon-
sidérément, coupablement, à sa propre supériorité,
à sa souveraineté, en communiquant une partie essentielle de son pouvoir à un corps qui, loin d'a-
voir aucun rapport, aucune liaison, aucune sym-
pathie, aucune homogénéité avec elle, lui est au
contraire entièrement opposé dans ses vues, ses intérêts, son institution même, et enfin dans toutes
ses affections. Par là, elle reconnaît qu'elle-même
n'est qu'une partie intégrante de la législature, puis-
que la concurrence de la Chambre des pairs avec
elle est jugée nécessaire à la confection des lois, ce
qui est évidemment contraire au grand et impérissable principe de la souveraineté de la nation. Le
danger d'un tel procédé est donc évident; un tel procédé compromet d'une manière grave la dignité,
l'honneur, l'existence même de la Chambre élective, dont la souveraineté est clairement démontrée
et universellement reconnue, au moins de tous ceux
qui savent tant soit peu raisonner sur les principes

2

politiques. C'est par cette manière d'agir, par une
telle conduite, que la souveraineté de la nation a
été si long-temps méconnue, rejetée ou usurpée.
Une longue et triste expérience a démontré d'une
manière évidente les dangers d'une pareille démarche. Oui, c'est par une telle vacillation, une telle
tergiversation, une telle prévarication, que la souveraineté du peuple a été si long-temps méconnue,
à la honte de ceux qui en ont été la cause, et qui
auraient dû la défendre.

C'est par la même participation ou division du
pouvoir absolu ou de l'autorité suprême avec le pouvoir exécutif, que celui-ci a toujours fini dans le
temps par s'emparer de l'autorité souveraine, et
priver ainsi, par un crime de lèse-majesté, la nation
de ses droits et de ses libertés. Et il est ici à remarquer que des concessions de cette nature, en matière de politique, sont en général très dangereuses
pour ceux qui les font avec trop de faiblesse, de
complaisance et de facilité. Le danger provient de
ce que l'homme est naturellement ambitieux, insatiable dans ses désirs, ses exigences et ses autres be-
soins imaginaires d'agrandissement ; de manière
que plus on lui donne, et plus il exige ; il n'est jamais satisfait ni content, jusqu'à ce qu'il se soit em-
paré de tout ce qui se trouve à la portée de ses at-
teintes ; il rôde au loin et autour des demeures ou
habitations des autres, comme un lion furieux
qui cherche sa proie. C'est aux hommes sages,
c'est-à-dire à l'autorité compétente, d'opposer des
barrières à cet esprit d'empiètement, d'élever des
digues contre ce torrent de désirs ou cette soif d'en-

vahissement et d'usurpation, qui est si mauvais dans son principe, si criminel dans son objet et si dangereux dans ses effets ou conséquences.

Or, si les pairs, fidèles à leur principe antique et favori de privilége et d'exclusion dont ils furent toujours animés, rejettent la décision de la Chambre des députés touchant l'hérédité de la pairie, quelle en sera la conséquence? Voilà les germes d'une guerre civile jetés dans le pays, accompagnés de tous les maux et désastres qui marchent ordinairement à leur suite, et leur servent de cortège. Dans ce cas, le seul et unique remède consiste en ce que la Chambre des députés s'érige en corps permanent, en assemblée constituante; se montre ferme et en maîtresse souveraine. C'est le seul moyen qui resterait encore pour sauver la liberté menacée, ressaisir la souveraineté usurpée, et venger ainsi les droits de la nation, qui seraient violés par un tel attentat inconstitutionnel.

Si l'on voulait traiter cette question avec logique et netteté, il paraîtrait bientôt de quel côté se trouve la vérité. Si je voulais retracer ici dans tous leurs détails, et heure par heure, les évènemens et les délibérations du 7 août, accomplis sans la participation des pairs, qui ne doivent pas plus participer au complément de la Charte, surtout lorsqu'il s'agit de l'article même qui concerne la réforme de la pairie, il resterait évidemment démontré que la Chambre élective seule a le droit exclusif de juger et d'agir dans la question présente touchant la pairie. Et ici on peut faire valoir une grave considération constitutionnelle. La Charte prescrit un nouvel examen de son article 23 dans la session actuelle. Or examen, quand il s'agit d'assemblée délibérante, c'est dé-cision.

Il faut donc qu'il y ait décision sur l'article 23 dans la session actuelle. Or, si la Chambre des pairs, étant appelée à voter sur le projet, le rejette, ce projet, aux termes de l'article 17, ne peut plus être repré-senté dans la session : l'article 68 reste donc sans exécution. Dira-t-on que la Chambre des pairs sera consultée à la condition expresse d'approuver? Alors violation de l'article 16 qui veut que toute loi soit discutée et votée librement. Ainsi, il y aura nécessai-rement, de toute manière, violation de la Charte, à moins que la Chambre des députés ne se déclare pouvoir constituant.

A ce dilemme, dont il nous semble impossible de sortir, joignez le précédent légué à la Chambre ac-tuelle par la Chambre de 1830 ; joignez ce qu'il y a de rationnel et de respectable dans une Charte dont tous les articles émanent du même pouvoir, et sont fondamentaux et obligatoires aux mêmes titres; ajoutez ce qu'il y aurait de choquant aux yeux d'une justice impartiale dans l'intervention du corps politique sur lequel on va prononcer, et aux yeux d'une saine politique dans le personnel dangereux dont cette intervention préjuge le droit et entraîne l'adoption ; ajoutez les embarras ridicules et les per-turbations où peut jeter le refus, bien naturel d'ail-leurs, de sanctionner son suicide, et vous êtes ra-menés naturellement aux principes que tout homme tant soit peu versé dans la politique peut facilement établir par des raisonnemens incontestables.

D'ailleurs, il est évident que la nature essentielle de tout acte constitutif, et les raisons puisées dans la force des circonstances, concourent également à investir les seuls députés du pays du pouvoir de reviser l'article 23 de la Charte. Après cette question de compétence, venait au fond la question d'hérédité. On pouvait la croire résolue par la volonté nationale et par la double conclusion du projet ministériel et du rapport de la commission. Tels sont mes sentimens touchant cette importante question relative au juge qui doit juger, décider, prononcer en définitif sur l'hérédité de la pairie avec ses autres accessoires. J'ai pensé que la Chambre des représentans de la nation seule peut nous offrir des garanties suffisantes dans la question de la pairie; j'ai donné et reproduit à différentes reprises fidèlement et consciencieusement les raisons et les motifs, qui m'ont porté, décidé à préférer et à adopter cette opinion à la fois conforme à la raison, au bon sens, à la philosophie, à la religion, à l'esprit des lois et enfin à la nature des choses.

De ce que je viens de dire, il paraît être une véritable folie, une absurdité choquante, une contradiction palpable, d'avoir voulu consulter la Chambre des pairs dans une question où il s'agit de la modification ou de la réforme de leur institution. C'est évidemment une chose tout-à-fait immorale de les avoir mis à la cruelle épreuve de décider entre leur conscience, leurs devoirs et leurs intérêts. Une telle démarche a été, comme je l'ai déjà dit, entièrement contraire à tous les principes reconnus par tous les jurisconsultes et législateurs, et principalement à cette maxime évidente du droit, admise dans la politique, qui a passé en proverbe : Personne n'est ni ne doit être juge dans sa propre cause, *nemo judex in suâ causâ.* La raison de cette maxime est claire, la voici : Un juge quelconque, qui veut juger sainement, avec impartialité et intégrité, de quelque affaire, doit être libre et exempt de toute espèce de passion, de préjugé, de prévention, qui pourrait influencer, détourner ou obscurcir son jugement et sa raison ; tout ce qui pourrait tromper la religion et la bonne foi de celui qui doit décider ou rendre jugement dans une affaire qui serait portée devant lui et soumise à sa délibération, à son examen et à sa décision, devrait être soigneusement écarté. Il est évident que ce sont des conditions, des qualités absolument nécessaires, *et sine quâ non*, dans un juge, pour qu'il puisse rendre une sentence juste, impartiale, d'après les dictées de sa conscience ; sans ces conditions préalables, sans ces qualités requises, son jugement serait infailliblement influencé, faussé, et la sentence ou l'arrêt qu'il rendrait serait faux et injuste : ce sont les *conditions nécessaires* d'un tribunal impartial ; ce sont les qualités rigoureusement requises dans un juge, pour qu'il puisse prononcer une sentence véridique, un jugement équitable : sans elles, on ne rend que des sentences injustes, des jugemens iniques, des arrêts infâmes. Appliquons maintenant ces principes incontestables de justice, d'équité et de raison, à la question de la pairie, c'est-à-dire à cette folle politique qui veut soumettre aux pairs la solution du problème de la vie ou de la mort de ces hauts fonctionnaires.

D'abord, il est certain que comme juges ils n'ont pas les qualités de tout juge qui veut rendre une sentence juste et équitable. Ils sont évidemment en contradiction avec ce grand principe irréfragable et universellement reconnu des partisans même de ceux que l'on combat : *Personne n'est juge dans sa propre cause.* Or, dans ce cas, les pairs, comme juges, le seraient, et cela d'une manière illégale et fort extraordinaire. On leur propose, on leur demande, s'ils veulent que la pairie soit héréditaire, à vie, et nommée par le roi; dans cette question, comme on voit, ils sont vivement intéressés, et par conséquent ils diront qu'ils veulent, et décideront ensuite que la pairie soit héréditaire. Or, je le demande, a-t-on jamais vu rien de plus absurde, de plus immoral, de plus injuste même qu'un pareil procédé, qu'une telle intervention de leur part ? C'est comme si je demandais à une personne si elle voulait qu'elle et ses enfans soient heureux, et au-dessus de la misère et des caprices de la fortune. Il est certain que cette personne répondra toujours affirmativement : or, les pairs feront naturellement la même chose. Il est donc évident que les pairs n'ont pas une seule des qualités requises pour être juges dans la question présente, touchant l'hérédité de la pairie et les accessoires qui s'y rattachent.

1° Ils n'ont point le désintéressement, puisqu'ils sont vivement intéressés à ce que l'hérédité avec tous ses accessoires soit maintenue ; ils n'ont pas l'impartialité, puisqu'ils sont émus, et, pour ainsi dire, entraînés par leurs passions, leurs intérêts et leur bien-être; ils n'ont pas la justice, puisqu'ils sont vivement sollicités vers le côté de l'injustice, par leur amour-propre, l'ambition, l'amour de privilége et le désir insatiable d'améliorer leur sort et celui de leurs enfans; ils n'ont pas l'intégrité, parce que leurs intérêts les font pencher vers un côté de la question qu'il faut juger et décider. Enfin, ils n'ont pas une seule des qualités nécessaires dans un juge : donc leurs fonctions et leur jugement doivent être rejetés comme suspects, faux, inconstitutionnels et injustes au plus haut degré. Et certes, il ne fallait pas tant de raisonnemens pour faire voir la folie, l'absurdité, la contradiction et l'inconstitutionnalité d'une démarche qui a appelé les pairs à juger une question dans laquelle ils sont à la fois juges et parties; ce qui est contraire à toutes les règles, formes et principes connus de jugement, qui exigent, comme une qualité absolument nécessaire, une condition indispensable, que le juge soit entièrement étranger à la question qui est portée devant lui, et non intéressé à ce qu'elle soit décidée d'une manière ou d'une autre; ce qui certes n'est pas le cas à l'égard des juges dont il s'agit. Il est donc clair que rien ne peut être imaginé de plus absurde, de plus ridicule, de plus inconstitutionnel, et de plus injuste même, que de soumettre à MM. les pairs la décision d'une question qui les touche de si près, et au triomphe de laquelle ils sont si vivement, si vitalement même intéressés. De là il suit évidemment que ce procédé du gouvernement est à la fois imprudent, téméraire, injuste, insensé, singulier,

contradictoire, immoral, dangereux, inconstitutionnel au plus haut degré, dont les procédures et
les actes législatifs des nations, tant barbares que civilisées, n'offrent point un seul exemple.

Concluons donc de tout ce que je viens de dire
dans cet écrit, et de tout ce que j'ai prouvé dans ma
lettre à MM. les députés sur la question de la pairie,
que le projet de loi sur l'hérédité de ce corps est
tout-à-fait faux, et pèche dans son ensemble et
dans ses parties ; projet absurde dans son principe,
inconstitutionnel dans son objet, insensé dans ses
moyens et dangereux dans les conséquences qui
doivent en résulter. Au total, une mauvaise combinai-
son, une démarche imprudente de la part du ministère dans les circonstances actuelles. Mais c'est principalement dans les suites funestes, les accessoires
périlleux de cette démarche, que la folie, l'absurdité, la contradiction et l'inconstitutionnalité se mon-
trent dans tout leur jour et dans toute leur nudité ;
un plan mal conçu, qui ne tend qu'à diviser les esprits, et ébranler les fondemens de l'édifice libéral
qu'on vient de poser avec tant de peine et de difficultés, au prix de tant de victimes mortes martyres
d'une cause si belle et si glorieuse ! Loin donc de
nous de vouloir approuver un tel système de politique qui exposerait évidemment au plus grand
danger le fruit de tant de sang, de sacrifices et de
conquêtes.

Que les ministres de Louis-Philippe y prennent
garde, qu'ils rougissent de leur folie d'avoir si long-
temps courtisé les carlistes et les épiscopaux ! qu'ils
courent encore après eux, et recherchent leur adhé-

sion et leur appui! qu'ils ouvrent les yeux! qu'ils voient les efforts perfides et les trames criminelles de cette ligue têtue et ennemie irréconciliable, que rien ne peut convertir ni ramener à la raison, à un sentiment de devoir et de patriotisme! qu'ils lisent les écrits de ces éternels ennemis de la liberté, de ces infâmes calomniateurs de l'égalité, de ces prôneurs effrontés du règne malheureux de l'ignorance et des préjugés dangereux, de ces partisans fougueux de priviléges et d'absolutisme(qu'ils parcourent, feuillètent notamment une brochure de l'un des plus modérés et des plus libéraux d'entre eux; qu'ils la méditent attentivement et qu'ils se convainquent enfin, quoique tard, de l'antipathie haineuse de cette classe d'hommes pour toute institution libérale, et du peu de confiance qu'ils méritent, ou que l'on peut placer dans des gens de cette! caste Dans cette brochure, qui ne roule que sur de faux principes, on attaque, on déchire d'une manière tout-à-fait indécente, et même criminelle au plus haut degré, le choix que la nation a fait de Louis-Philippe en l'appelant au trône, son gouvernement et tous ceux qui le soutiennent. Que le gouvernement de Louis-Philippe, qui a courtisé ces gens de parti, ces défenseurs fanatiques de la dynastie déchue et de la légitimité en général, et qui cherche encore en eux une planche de salut et se réfugie dans leur arche, se livre et se confie entièrement à eux au moment du danger, et il verra bientôt, à ses dépens, de quelle manière ils le soutiendraient! Qu'il s'attache à cette ancre de salut et abandonne les amis de la liberté qui l'ont porté au pinacle du pouvoir! Que les libéraux l'abandonnent pour un seul moment, et il verra!... alors il verra combien de temps il restera de bout, et résistera aux menées sourdes, aux trames criminelles; aux attaques violentes de ces carlistes dont il paraît briguer la protection, mendier le secours, et ambitionner la faveur et les bonnes grâces! Qu'il renonce donc au plus tôt à un pareil système de bascule, de tergiversation et d'ingratitude envers ceux qui, par leurs écrits et leurs efforts généreux, ont puissamment contribué à le revêtir du pouvoir suprême en établissant un nouvel ordre de choses! Qu'il se souvienne que rien n'est plus mauvais ni plus criminel que l'ingratitude envers ceux qui nous ont rendu des services : c'est elle qui rend l'homme impie aux yeux de la divinité; et c'est elle qui doit rendre l'homme pervers aux yeux de ses semblables! L'homme qui peut donc s'en rendre coupable ne mérite pas le titre de citoyen, et, indigne de vivre, l'est encore moins de gouverner. Qu'il se persuade donc, ce ministère, qu'il n'a rien de bon à attendre du parti des Carlistes; que ce sont ses ennemis jurés et implacables; et que tout son espoir doit se reposer sur le soutien que les amis de la liberté et de l'indépendance nationale veulent bien lui donner! Toute autre pensée ou manière de voir ne ferait que le tromper, toute autre démarche ne servirait qu'à le mettre hors des voies constitutionnelles où se trouvent seulement la raison, la justice et le sûr garant d'un heureux avenir. Que le ministère réfléchisse donc sérieusement sur ces grandes et importantes vérités qui sont si intimement liées avec le bonheur du pays et avec sa propre existence, avec la solidité et le salut du gouvernement dont il tient les rênes, avec la sûreté et la conservation du vaisseau de l'état dont il dirige le gouvernail, la course et les divers mouvemens !

Et certes ceux qui veulent plaire à tous par la finesse, la ruse et une trop grande complaisance, finissent généralement par ne plaire à personne. Les gens n'aiment pas à être dupés, et se tiennent ordinairement sur leurs gardes contre de pareilles manœuvres : en toute chose, partout et toujours, il faut marcher franchement et droitement en s'appuyant sur les principes éternels de la vérité, de la justice, de la loyauté, de l'humanité et de la reconnaissance, sans quoi on finit presque toujours mal, et on paie chèrement, à ses propres frais, le compte de sa folie, de son hypocrisie, de sa déloyauté et de son manque de franchise. Dieu et les hommes ont en horreur une telle conduite, et conspirent conjointement à punir et à châtier d'une manière exemplaire ceux qui s'éloignent de la voie de la raison, de la sagesse, de la droiture et de la bonne foi, qu'ils ont sagement établie pour le bien général de tous, des mondes moral et social. Et en effet, sans ces principes sacrés et conservateurs de l'ordre et de l'harmonie, que deviendrait le monde, que serait la société, sinon un théâtre affreux, une arène sanglante de vices, de crimes, de tromperies, de corruption, de cruauté et de carnage? A Dieu ne plaise que je veuille ici travestir les choses, ou exagérer les fautes des hommes !.... Hélas ! elles ne sont que trop vraies ! Mille et mille preuves, un trop grand nombre d'exemples affligeans ne font qu'en attester la certitude et la triste réalité!... (1).

Que les ministres fassent donc bien attention aux écueils, aux rochers, aux sables mouvans, aux

(1) Je me plais pourtant ici à rendre justice à la politique qu'a suivie dans ses relations extérieures, aux efforts qu'a faits le ministère pour prévenir la guerre qui ne saurait être que dangereuse dans les circonstances actuelles, et nuisible aux intérêts de l'humanité en général, attendu qu'elle est en tout temps le plus grand fléau qui puisse atteindre et affliger l'espèce humaine. Loin donc de le blâmer sous ce rapport, je l'en loue fortement comme ayant agi sagement et dans les véritables intérêts de la France, de l'Europe et du monde entier. Car la liberté qui s'achète avec la vie d'un seul homme est toujours trop chèrement payée, vu qu'il est un être si grand, le chef-d'œuvre du monde matériel, et dont les destinées se rattachent à l'éternité. Je pense donc bien différemment de ceux qui crient sans cesse pour la guerre, comme si c'était une belle chose, une grande gloire de tuer ses semblables, que la raison, le bon sens, la philosophie et la religion elle-même nous ordonnent d'aimer comme nos frères, comme membres de la grande et universelle famille du genre humain! Non, un homme libre et qui est réellement digne de ce beau nom, de ce titre glorieux, doit voir dans tous ses semblables, de quelque pays, couleur, opinion politique ou nuance religieuse qu'ils soient, (pourvu qu'ils soient des gens honnêtes et vertueux) autant de frères, de *soi-mêmes*, à qui il doit porter les secours de l'hospitalité et de l'humanité en toutes occasions où ils pourront avoir besoin de son assistance, en protégeant leur personne, leur réputation et leur propriété. Cette conduite philantropique est fondée sur ce grand et éternel principe de réciprocité et de bienfaisance universelle : *Faites aux autres comme vous voudriez que les autres vous fissent en pareille occasion, si vous vous trouviez à leur place.* Or, quel est l'homme qui pourrait assurer que lui, ses enfans ou ses petits-enfans ne se trouveront jamais dans

Scylla et Carybde et aux autres dangers imminens
de toute espèce auxquels ils exposent si follement le
vaisseau de l'État en le lançant si aveuglément et

le cas d'avoir besoin du secours et de la protection des autres ? On sait que les caprices de la fortune sont bien grands,
et que tous dans le temps puissent se trouver dans des circonstances bien différentes de celles qu'ils se sont imaginées.
On a vu arriver dans tous les siècles et dans tous les pays
ces étranges phénomènes et ces déplorables évènemens. On
a vu des rois, des princes et des empereurs précipités, comme
un éclair, de leurs trônes élevés, confondus avec la foule et
obligés de chercher une existence précaire dans les bois et les
chaumières des malheureux. On a vu les enfans des gens
les plus heureux entraînés dans des circonstances critiques
de périls imminens où ils ont perdu la vie. L'histoire l'atteste
partout dans ses pages sanglantes. Que ces faits malheureux,
ces épreuves cruelles servent donc d'exemple et de leçon à
ces gens dénaturés, sanguinaires, qui appellent à hauts cris
tous les fléaux et désastres horribles de la guerre! Que les
amis de la liberté qui n'est autre chose que la justice, l'ordre, l'égalité, la bienfaisance, l'humanité et la vertu, tiennent donc surtout en horreur la doctrine impie des partisans
aveugles et inhumains de la guerre, qui spéculent criminel-
lement sur les malheurs de l'humanité; qui ferment leurs
oreilles et leurs yeux inseusibles aux cris, aux pleurs et aux
souffrances des veuves et des orphelins! Qu'ils s'éloignent de
plus en plus de leurs principes destructeurs, subversifs de
tout ordre social, de toute harmonie politique! Qu'ils se souviennent que c'est à eux, plus qu'à tous les autres hommes,
qu'il appartient d'adopter et de soutenir les principes conservateurs, la doctrine consolante de la paix qui régénère et
multiplie les diverses générations de l'espèce humaine, et resserre et fortifie de plus en plus les liens de la société! Qu'ils
se persuadent que les hommes libres doivent aimer et encou-
rager tout ce qui contribue au bonheur de l'humanité; leur

si témérairement au milieu de tant de périls de tout
genre, sans avoir aucun égard aux hasards, au nau-
frage inévitable même auxquels il serait en butte,

devise doit être : *Humanus sum, nil a me alienum puto* : je suis
homme, je ne puis donc voir d'un œil indifférent ce qui regarde
l'humanité ! Ils doivent détester et décourager tout ce qui
peut être nuisible aux vrais intérêts de la société et contraire
à l'ordre public qui peut seul la conserver ! Qu'ils se convainquent enfin que le cœur du véritable ami de la liberté doit
être le rendez-vous de toutes les vertus tant civiles que mo-
rales ; sa tête le foyer de toutes les lumières qui peuvent
éclairer l'esprit d'un bon citoyen ! Sans posséder ces qualités
précieuses, ces conditions essentielles et *sine quâ non*, il peut
se dire, s'appeler homme libre, se vanter d'être son ami ;
mais il se trompe, il ne l'est pas, ni ne mérite de l'être :
Aliter non liber, non dignus esse. Non, un tel homme ne ferait que déshonorer un titre qu'il aurait injustement usurpé,
dont il se serait indignement servi, et pour la jouissance du-
quel il n'a pas été fait !

Périssent donc à jamais ces hommes pervers et cruels qui ont
soif du sang de leurs semblables et qui cherchent à le verser !
S'ils aiment le carnage et à voir couler le sang, qu'ils aillent
tuer les loups, les ours, les hyènes, les tigres et toutes les
autres bêtes féroces ! Qu'ils quittent la société, des bienfaits
de laquelle ils sont indignes de jouir ! Qu'ils parcourent les
bois et les forêts en recherche des objets qu'ils veulent faire
les victimes de leur haine, de leur acharnement et de leur
cruauté ! Qu'ils s'enfoncent dans la solitude des sombres
bois, où parcourent les sommets escarpés des hautes montagnes pour y disputer, avec les animaux sanguinaires, leur
proie et leur existence précaire ! Car ils ne sont pas dignes
des douceurs de la société humaine, des avantages de l'ordre
social, ni propres à vivre sous l'empire bienfaisant des lois
sages et justes, attendu qu'ils n'ont pas une seule des qualités
d'un bon citoyen ! Qu'ils abandonnent pour toujours le giron

assailli, comme il le serait de tous côtés, et par les vents impétueux et par les hautes marées, et par tous les autres élémens des tempêtes qui troublent

de la société, qu'ils ne font qu'agiter, dont ils ne font que troubler le repos, détruire la paix, pour que, délivrée de leurs désordres affreux, elle puisse enfin jouir de la paix et de la prospérité, si utiles et si nécessaires au bonheur de ses membres! C'est seulement lorsque la société sera débarrassée, purgée de ces vils mécréans, de ces êtres cruels, qu'elle pourra respirer, après tant de désordres qui ont ébranlé ses fondemens, et que les bons citoyens et les gens paisibles et vertueux en général, de quelque classe et condition qu'ils soient, pourront enfin espérer de pouvoir vivre tranquilles, et que leur propriété, leur vie et leur réputation seront à l'abri de tout danger!

Et ici qu'il me soit permis également de rendre le tribut de mes hommages à la conférence de Londres, qui, par sa sagesse, sa prudence, sa modération, son esprit de justice, son amour de l'humanité, son désir de paix, et par ses efforts en général, a heureusement prévenu les malheurs, les désastres, et enfin tous les fléaux horribles qui accompagnent une guerre opiniâtre, sanglante et universelle, qui aurait dévasté et inondé l'Europe de sang en tout temps, mais principalement dans le moment actuel où les esprits si fortement aigris, où deux partis, deux opinions politiques et religieuses, se trouvent en présence et prêts à en venir aux prises les uns avec les autres! Que de carnage, que d'effusion de sang, de massacres, de ruines, de catastrophes de tout genre auraient malheureusement eu lieu! Oui, si la guerre avait éclaté cette année-ci, l'Europe, le monde entier, auraient offert l'affreux et affligeant spectacle d'un vaste camp où, les hommes quittant leurs travaux paisibles, leur commerce et leur industrie de toute espèce, se seraient jetés cruellement et impitoyablement les uns sur les autres comme des bêtes féroces, se seraient déchirés, égorgés, et enfin auraient nagé dans des flots

la mer politique et soulèvent ses flots écumeux !
Qu'ils songent à la terrible responsabilité à laquelle
les soumet une pareille conduite ! qu'ils y songent

de sang de leurs semblables, de leurs frères dans l'ordre de
l'humanité ! En pareille circonstance, ces belles plaines, ces
fraîches vallées, ces riantes collines et ces montagnes majes-
tueuses seraient (hélas , je tremble de le dire !) jonchées de
cadavres mutilés ; ces ruisseaux, ces rivières et ces fleuves
rougis de sang et encombrés de morts qu'ils auraient charriés,
entraînés dans leurs eaux troublées ! Les cris confus et le bruit
tumultueux des femmes éplorées, des enfans les larmes aux
yeux et des vieillards inconsolables courant çà et là pour
chercher vainement un asile ; les cors, les trompettes avec
leurs sons guerriers , les tambours avec leurs effrayans roule-
mens , accompagnemens épouvantables de la guerre ; les
hennissemens des chevaux s'entrechoquant dans le combat ,
les bêlemens des moutons, les mugissemens des bœufs effrayés
et chassés de leurs pâturages , se seraient fait entendre de tous
côtés ! Non, on n'aurait entendu de toutes parts que les gé-
missemens et les lamentations des femmes qui auraient perdu
leurs maris, des jeunes fiancées leurs amans, des enfans leurs
pères, des vieillards leurs fils et leurs petits-fils , des parens
leurs amis ; enfin on n'aurait vu nulle part que des veuves, des
orphelins et des malheureux en pleurs et au désespoir, regret-
tant et déplorant amèrement et inutilement ce qui leur était le
plus cher au monde ! En un mot, la société désolée, la nature
entière épouvantée d'un tel spectacle horrible, se seraient
montrées mornes, tristes et affligées ! Le spectre épouvantable
de la mort, suivi des fantômes hideux du deuil et du désespoir, se serait promené partout en plein jour, et aurait planté
en tous lieux son étendard sanglant de carnage et de destruction !

Et en effet , quel affligeant spectacle pour la raison , la philosophie et la religion, qui n'aiment que la tranquillité, la
paix, l'union, la fraternité, la communauté d'intérêts, l'hu-

sérieusement, et prennent les moyens les plus prompts et les plus sûrs pour sortir le plus tôt possible d'un si mauvais pas ! Tout retard leur pourrait être funeste en rendant leur faute à jamais irréparable, et toute réparation de leur part tout-à-fait infructueuse ! Qu'ils se souviennent que le moment de réparation et de salut une fois perdu ne reviendra jamais, qu'il rendra absolument impossible toute espèce de remède ! Qu'ils y songent sérieusement,

manité, la justice, la bienfaisance et l'amour universel, que celui des familles innombrables massacrées, des peuples innocens sacrifiés comme autant de victimes, d'hécatombes, pour satisfaire l'orgueil et l'esprit de conquête de quelques hommes corrompus, ambitieux, sanguinaires et éminemment criminels ! Grand Dieu ! quel horrible spectacle pour toi qui n'as créé les hommes que pour s'entr'aimer et s'entr'aider, que celui des villages incendiés, des moissons brûlées, des vendanges détruites, des maisons pillées, des villes saccagées, des pays ravagés, des contrées ruinées, des empires renversés, des continens mêmes dévastés, des populations entières exterminées ou réduites au dernier degré de détresse et de misère, et attaquées dans leurs racines jusqu'aux principes mêmes de l'existence ! O humanité, quel spectacle déchirant pour toi, que celui de la mort, de la destruction et de l'anéantissement de tes enfans chéris ; que celui de la décimation de tes générations nombreuses, de la dépopulation de tes provinces, et de tous les autres fléaux publics et privés qui les accompagnent, marchent à leur suite et leur servent de cortége effroyable ! O société, quel spectacle épouvantable pour toi qui as réuni les hommes dans ton sein pour les rendre heureux en vivant en paix, en harmonie et en union les uns avec les autres, de voir les fondemens solides de ton édifice majestueux ébranlés si violemment, et tous les principes et liens qui unissent et rapprochent tes membres outragés et rompus d'une manière si honteuse et si criminelle !

et tremblent de peur, en pensant que le terrain où ils se trouvent est miné par le feu sourd et dévorant d'un volcan destructeur, et travaillé, ébranlé par les explosions terribles d'un tremblement de terre! Qu'ils se rappellent les évènemens déplorables du passé, qui doivent leur servir d'exemple! qu'ils y fassent bien attention, et ne se hasardent pas de courir une route si périlleuse et parsemée de tant de dangers!

FIN.